CATALOGUE

DES

OUVRAGES IMPRIMÉS

DE LA

BIBLIOTHÈQUE MUNICIPALE
DE METZ

PAR

AIMÉ SCHUSTER
Conservateur de la Bibliothèque,
Professeur de physique et de chimie à l'Ecole industrielle,
Ex-professeur de physique aux Collèges de Lorient,
de Montbéliard, etc.

HUITIÈME FASCICULE

METZ
IMPRIMERIE EVEN FRÈRES
1886.

CATALOGUE

DES

OUVRAGES IMPRIMÉS

DE LA

BIBLIOTHÈQUE MUNICIPALE
DE METZ

PAR

AIMÉ SCHUSTER

Conservateur de la Bibliothèque,
Professeur de physique et de chimie à l'École industrielle,
Ex-professeur de physique aux Collèges de Lorient,
de Montbéliard, etc.

HUITIÈME FASCICULE

METZ
IMPRIMERIE EVEN FRÈRES
1886.

CATALOGUE

DES

OUVRAGES IMPRIMÉS RELATIFS A L'HISTOIRE DE METZ

ET DU PAYS MESSIN

SECTION VIII

Bibliographie scientifique* messine.

1409. Observations sur le magnétisme terrestre, par M. G. Aimé *(de Metz)*, membre de la commission scientifique de l'Algérie.

Paris, impr. royale, 1846. 1 vol. in-folio avec planches. (Cet ouvrage fait partie de la publication intitulée: Exploration scientifique de l'Algérie.)

1410. Mémoires : 1° sur le magnétisme terrestre ; 2° sur les variations de niveau de la Méditerranée; 3° sur les courants de la Méditerranée, par M. Aimé *(de Metz)*.

Paris, impr. de Bachelier, s. d. Trois opuscules, le 1er de 12 pp. ; le 2e de 24 pp. et une planche; le 3e de 18 pp. et une planche. En tout 54 pp. in-8. (Extrait des Annales de chimie et de physique, 3e série, tome X.)

(*) Dans cette section se trouvent énumérés les ouvrages sur les sciences mathématiques et physiques dus à des auteurs qui sont nés ou qui ont séjour né à Metz.

1411. Recherches de physique générale sur la Méditerranée, par M. G. Aimé *(de Metz)*, membre de la commission scientifique de l'Algérie.

Paris, imprimerie royale, 1845. 1 vol. in-folio et 6 planches. (Cet ouvrage fait partie de la publication intitulée: Exploration scientifique de l'Algérie.)

1412. Etudes théoriques et expérimentales sur l'établissement des charpentes à grande portée, par M. Ardant, capitaine du génie.

Metz, Lamort, 1840, in-4.

1412 bis. Cosmogonie ou génération de l'Univers par le Colonel Aubertin, ancien élève de l'École polytechnique . . . . .

Metz, S. Lamort, 1848. Br. in-8 de 129 pp.

1413. Cours de mécanique appliquée aux machines. — 2e section. — 2e partie. — Moteurs caloriques et animés. — Dix leçons orales rédigées par les élèves, sous la direction du capitaine d'artillerie Aversenq, professeur.

Lith. de l'École impériale d'application de l'artillerie et du génie. Octobre 1867. 1 cah. in-4 avec 3 planches.

1413 bis. Cours de mécanique appliquée aux machines. — 3e section. — Organes des machines. — Trois leçons orales rédigées par les élèves, sous la direction du capitaine d'artillerie Aversenq, professeur.

Metz, lith. de l'École impériale d'application de l'artillerie et du génie. Octobre 1867, 1 cah. in-4. de 55 pp.

1414. — Cours de géométrie descriptive. 1re partie. Notes rédigées par M. Bardin, professeur. — Juin 1830.

Metz, lith. de Toussaint. 1 cahier lithographié de 58 pp. avec planches.

1414 bis. Notes et croquis de géométrie descriptive, par Bardin, ancien élève de l'École polytechnique, professeur à l'École d'artillerie de Metz, etc..... Deuxième édition revue, corrigée et augmentée.

Paris, Mathias Augustin, 1837. Lith. de Nouvian, à Metz. In-folio.

1415. Mémoires divers de géométrie par MM. Sturm, Binet, Miquel, de St.-Venant, Breton (de Champ), d'Estocquois, Serret, Chasles, *Poncelet, Bardin,* Guiot, Amiot, Brianchon, Bonnet, Transon.

1840-1845. 1 volume in-4. Dans ce recueil se trouve la topographie enseignée par des plans-reliefs et des dessins avec texte explicatif par Bardin. — 1855.

1416. Planisphère céleste pour l'horizon de 45o et l'heure sidérale 20 h., calculé et dessiné par M. Baur. — Autre pour l'heure sidérale 23 h.

2 feuilles in-folio.

1417. Cours de dessin graphique par MM. Baur et Muller, professeurs à l'École industrielle de Metz.
Atlas in-folio composé de deux parties formant 30 planches.

Metz, Alcan, 1858. In-folio.

1418. Géométrie des courbes appliquée à l'industrie à l'usage des artistes et des ouvriers. — Leçons publiques données dans l'Hôtel-de-Ville de Metz par C. L. Bergery.

Metz, Lamort, 1826. 1 volume in-8 avec 4 planches.

1419. Géométrie des écoles primaires comprenant le dessin linéaire, les projections, le lever des plans de terrains et de bâtiments, etc., par C. L. Bergery.

Metz, Imp. de P. Wittersheim, 1831. 1 vol. in-8 avec 3 planches.

1420. Astronomie élémentaire ou description géométrique de l'univers, faite aux ouvriers messins par C. L. Bergery...

Metz, Mme Thiel, 1832. 1 vol. in-8 avec 1 pl.

1421. Description et usage de l'équerre à miroirs, du niveau à miroir et du voyant à coulisse ; nouveau chapitre de la géométrie des écoles primaires, par C. L. Bergery.

Metz, Mme Thiel, Warion. 1844. In-8.

1422. Géométrie appliquée à l'industrie à l'usage des artistes et des ouvriers, par C. L. Bergery.

Metz, chez Mme veuve Thiel, 1828. 1 vol. in-8 avec 14 planches.

1423. Arithmétique appliquée aux spéculations commerciales et industrielles. Sommaire des leçons publiques données dans l'Hôtel-de-Ville de Metz par M. J. L. Woisard, rédigé et publié par N. Berton, prof. de math. à Metz.

Metz, Lamort, 1826. In-8 (première partie.)

Suivie de :

1° Supplément à l'arithmétique élémentaire des cours industriels contenant les proportions, la formation des puissances et l'extraction de la racine carrée, par A. Lasaulce.

Metz, S. Lamort, 1827. In-8.

2° Exercices d'arithmétique à l'usage des jeunes ouvriers qui veulent suivre les cours industriels.

Metz, Lamort, 1826. In-8.

1424. Eléments de dessin géométrique à l'usage des artistes et des ouvriers qui suivent les cours industriels, par N. Berton.

Metz, C. Lamort, 1829. In-8.

1425. Instruction sur le projet d'amélioration d'usine, par le capitaine d'artillerie Boileau *(de Metz)*, professeur du cours de mécanique appliquée aux machines.

Metz, lith. de l'École d'application, 1860. In-4.

1426. Instruction sur l'exécution des levers d'usine, par le capitaine d'artillerie Boileau, professeur du cours de mécanique appliquée à l'École d'application.

Metz, lith. de l'École d'application, 1852. In-4°. — Deux autres tirages de 1859, 1865.

1427. École impériale d'application. — Instruction sur l'exécution des levers d'usine (par Boileau?).

Metz, Mars 1865, lith. de l'École d'application. Cahier in-4. de 21 pp. et 2 planches.

1428. Instruction pratique sur les scieries, par P. Boileau *(de Metz)*, professeur à l'École d'application. — Deuxième édition.

Paris, E. Lacroix, 1861. In-8 de 108 pp. et 4 pl.

1429. Notions nouvelles d'hydraulique concernant principalement les tuyaux de conduite, les canaux et les rivières, par P. Boileau *(de Metz)*, officier de la Légion d'honneur, corresp. de l'Institut de France, Acad. des sciences, ancien élève de l'École polytechnique, officier supérieur d'artillerie en retraite, ancien professeur à l'École d'application de Metz. — 2e édition...

Versailles, L. Ronce, 1881. — 1 vol. in-4.

1430. Observations sur le calendrier grégorien, lues à l'Académie impériale de Metz, le 12 avril 1855, par Emile Bouchotte.

Metz, Blanc, 1855. Brochure in-8 de 12 pp.

1431. Étude sur la valeur du stade, de la coudée et de quelques mesures anciennes, par Emile Bouchotte.

Metz, Blanc, 1860. Brochure in-8 de 40 pp.

Suivie de :

Notice sur la coudée babylonienne, par Emile Bouchotte.

Metz, Blanc, 1861. Brochure in-8 de 12 pp.

Suivie de :

. Etude sur la valeur du stade, de la coudée, de

quelques autres mesures anciennes et sur l'origine du pied de carrières du pays messin, par Emile Bouchotte.

Metz, Blanc, 1863. Brochure in-8 de 102 pp.

1432. Sur la distance de la terre au soleil, par M. Emile Bouchotte, membre de l'Académie de Metz. (Extrait des mémoires de l'Académie de Metz.)

Metz, F. Blanc, 1864. In-8 de 11 pp.

1433. Trois études sur des mesures anciennes. — Le stade, la coudée babylonienne, le pied de carrières du pays messin, par M. Emile Bouchotte, négociant, membre de la Chambre de commerce et de l'Académie impériale de Metz.

Metz, Blanc, 1864. Brochure in-8 de 102 pages.

1434. Puissance de la chaleur... théorème sur le travail fourni par la chaleur... par Charles Bourseul, soldat au 26e de ligne.

Metz, typ. de Ch. Dieu et V. Maline, 1853. Broch. in-8 de 8 pp.

1435. La vérité sur les tables tournantes, par Charles Bourseul.

Metz, librairie de M. Alcan, 1853. Brochure in-8 de 16 pp.

1436. Vérités phisiques (*sic*) élémentaires pour l'étude de l'histoire naturelle prouvées par l'état du sol de la Corse... par M. Cadet le jeune *(de Metz)*.

A Bastia, 1789. De l'imprimerie d'Etienne Batini. Brochure in-12 de 64 pp., suivie de Notes, 16 pp., et d'une carte.

1437. Tarifs des centimes au franc ou tables de multiplications et comptes faits pour la répartition des contributions, et pouvant remplacer, dans le système décimal, les anciens comptes faits de Barême, par le C[en] Cadet *(de Metz)*, directeur des contributions du Bas-Rhin.

A Paris, chez Valade, imprimeur, An X. 2 vol. in-folio.

1438. Précis des voyages entrepris pour se rendre par le Nord dans les Indes, et des lois physiques à consulter pour les navigations ultérieures; lus en diverses séances de la société philotechnique, par M. Cadet, de Metz, membre résident de cette société.

Paris, 1818, impr. de Dondey-Dupré. In-8 de 125 pp. et 1 carte.

1439. Direction des glaces, des eaux et de l'atmosphère... par M. Cadet *(de Metz)*, membre honoraire de la société des sciences de cette ville, etc.

Paris, 1824. — In-8 de 125 pp. avec une carte.

1440. Du sol, de l'air et des eaux d'Espagne... par M. Cadet *(de Metz)*.

A Paris, imprimerie de Beaucé-Rusand, 1825. Brochure in-8 de 65 pp.

1441. Cours de mathématiques à l'usage du collège de Metz, par D. N. Casbois, religieux bénédictin de la congrégation de St. Vannes... Première partie : Elémens d'arithmétique.

Metz, Joseph Antoine, 1772. 1 vol. petit in-8.

1442. Cours de mathématiques à l'usage du collège de Metz, par D. N. Casbois, religieux bénédictin de la congrégation de St. Vannes... Seconde partie : Elémens de géométrie.

Metz, Collignon, 1773. 1 vol in-12.

1443. Studiorum cursus, sive historiæ... scientiarum et artium elementa, a D. N. Casbois.

Metis, J. B. Collignon, 1779. 2 vol. in-12.

1444. École impériale d'application... — Instruction sur le lever de bâtiment, par le chef de bataillon du génie, professeur Chassinat.

Metz, 20 février 1861. Lith. de l'École ; 19 pp. in-4.

1445. Notions pratiques sur les éléments de forme, les dimensions et la construction des maçonneries par J. A. Chassinat, chef de bataillon du génie, professeur. 1re partie. Tome I.

Metz, lith. de l'École d'application, 1865. In-4.

1446. Résistance des matériaux. Leçons orales par J. A. Chassinat, chef de bataillon du génie, professeur.

Metz, lith. de l'École d'application. 1869. In-4.

1447. Aurore boréale du 22 octobre 1839, par l'abbé Chaussier. — Titre de départ.

Metz, imp. de Mayer Samuel. Broch. in-8 de 4 pages.

1448. Conférence sur le lever de bâtiment, par le capitaine du génie Chéry, professeur-adjoint.

Metz, lith. de l'École d'application, 1867. Cahier in-4 de 18 pp.

1449. Cours de construction. — 2e partie. — Résumé des leçons. — Constructions en bois, en fer, en fonte... par le capitaine du génie Chéry, professeur-adjoint.

Lith. de l'École d'application. Octobre 1867. 1 cahier in-4.

1450. Cours de construction, 3e partie. — Bâtiments militaires et architecture, par le capitaine du génie Chéry, professeur-adjoint.

Metz, lith. de l'École d'application, 1868. In-4.
id. Croquis. In-4.

1451. Cours de construction. Croquis par le capitaine du génie Chéry, professeur-adjoint.

Metz, lith. de l'École d'application, 1869. In-folio.

1452. Cours de chimie appliquée aux arts militaires... par M. Cheuvreusse, professeur.

Metz, imprimerie de C. Lamort, 1823. 1 vol. in-8.

1453. Cours de chimie technologique à l'usage des élèves de l'École royale de l'artillerie et du génie par Cheuvreusse, professeur.

Metz, lith. de l'École royale de l'artillerie et du génie, 1826. 1 cahier in-folio.

1454. Opuscules de chimie et de physique par S. Chevrier, professeur au Lycée de Metz.

Metz, F. Blanc, 1869. Broch. in-8 de 35 pp. ; extraite des Mémoires de l'Académie impériale de Metz, année 1867-1868.

1455. Cours sur la pratique des levers topographiques..... à l'usage des élèves de l'École royale de l'artillerie et du génie, par P. A. Clerc, professeur.

Metz, lith. de l'École, 1830. 1 cahier in-folio.

1456. Essai sur l'enseignement de l'élément de la pratique des levers et du nivellement topographiques, par P. A. Clerc, lieutenant-colonel du génie à Metz.

Metz, Verronnais, 1840-1843. 3 vol. in-8.

1457. Expériences sur le marteau-pilon à came et à ressorts de M. Schmerber, et sur la dureté des corps, par E. Clarinval, capitaine d'artillerie.., avec 2 planches.

Paris, librairie militaire de Corréard, 1860. Brochure in-8 de 34 pp.

1458. Manuel de la métallurgie du fer, par C. J. B. Karsten, conseiller supérieur et intime des mines de Prusse... traduit de l'allemand par F. J. Culmann, capitaine d'artillerie, attaché aux forges de la Moselle... Seconde édition.

Metz, Mme Thiel, 1830, 3 vol. in-8.

1459. Thèses présentées à la faculté des sciences de Paris pour obtenir le grade de docteur-ès-sciences, par Auguste Daubrée, aspirant-ingénieur des mines. *(Sur les températures du globe terrestre.)*

Paris, imp. et fonderie de Fain, 1838. Br. in-4 de 35 pp.

1460. Recherches sur la présence de l'arsenic et de l'antimoine dans les combustibles minéraux, dans diverses roches et dans l'eau de la mer, par A. Daubrée, ingénieur au corps des mines.

Strasbourg, Silbermann, 1851. Brochure in-8 de 16 pp. (Extrait des Annales des Mines, 4e série, tome XIX).

1461. Expériences sur la possibilité d'une infiltration capillaire au travers des matières poreuses, malgré une forte contrepression de vapeur... par M. Daubrée.

Paris, imprimerie de L. Martinet, 1861. Brochure in-8 de 10 pp.; extraite du bulletin de la Société géol. de France. 2e série, tome XVIII, p. 193, séance du 4 février 1861.

1462. Expériences synthétiques relatives aux météorites. Rapprochements auxquels ces expériences conduisent tant pour la formation de ces corps que pour celle du globe terrestre... (Extrait des comptes-rendus des séances de l'Académie des sciences, — Séance du 29 janvier 1866), — par M. Daubrée.

Paris, Gauthier-Villars, 1866, brochure in-4 de 28 pp.

1463. Expériences sur la production artificielle de l'apatite, de la topaze... par A. Daubrée, ingénieur au corps des mines.

Strasbourg, G. Silbermann, brochure in-8 de 20 pp. (Extrait des Annales des mines, 4e série, tome XIX.)

1464. Traité élémentaire de trigonométrie rectiligne *en quatre leçons* par Nestor Debrun, Professeur à l'École régre du Génie à Metz.

Metz, typ. de Dembour et Gangel, 1842. In-8 de 55 pp.

1465. Description du traitement du cuivre par cémentation, pratiqué à l'usine de Stadtberg dans la Westphalie; par M. Achille Delesse *(de Metz)*, Ingénieur au corps royal des Mines. (Extrait du tome 1, 4e Série des Annales des Mines, 1842.)

Paris, Carilian-Gœury et Vor Dalmont, 1842. Broch. in-8 de 28 pp. et 1 planche.

1466. Mémoire sur un nouveau procédé de fabrication du fer au moyen du gaz des Hauts-fourneaux ; par M. Achille Delesse *(de Metz)*, Elève ingénieur au corps des mines. (Extrait du tome 1 des Annales des Mines, 1842.)

Paris, Carilian-Gœury et V^{or} Dalmont, 1842. Broch. in-8 de 48 pp. et 2 pl.

1467. Matériaux de construction, par M. Delesse, Ingénieur des mines..... (Extrait des rapports des membres de la section française du jury international, — exposition universelle de 1862.)

Paris, Imprimerie centrale des chemins de fer de Napoléon Chaix et Cie, 1863. Broch. in-8 de 65 pp.

1468. Mémoire sur la Minette (ou porphyre micacé ou eurite micacée) par Delesse, Ingénieur des Mines.

Paris, E. Thunot, s. d. Broch. in-8 de 62 pp. et 1 planche.

1469. Observations sur la présence d'eau de combinaison dans les roches feldspathiques, par M. A. Delesse, Ingénieur des mines..... (Extrait du bulletin de la société géologique de France, 2e série, t. VI, 1849.)

Paris, Impr. de L. Martinet. Broch. in-8 de 18 pp.

1470. Examen de quelques minéraux, par A. Delesse, Ingénieur des mines.

Broch. in-8 de 10 pp.

1471. Sur les rapports cristallographiques et chimiques de l'augite, de l'hornblende et des minéraux analogues, par M. C. Rammelsberg. (Traduit par M. Delesse.)

Extrait des Annales des Mines. Brochure in-8 de 30 pp.

1472. Etudes sur le metamorphisme des roches par M. Delesse, Ingénieur des mines... Note analytique par H. de Saussure.

Tiré de la Bibliothèque universelle et Revue suisse (Archives des sciences phys. et nat.), livraison d'Avril 1863. Brochure in-8 de 19 pp.

1473. Cours de Mécanique appliquée aux machines. — Machines à vapeur, — Leçons orales par Deshautchamps, capitaine d'artillerie, prof.-adjoint. Deuxième section : 4 leçons.

Lith. de l'École imp^ale d'applic^on. Mai 1864. 1 cahier in-4.

1474. Cours de Mécanique appliquée.... Résistance des matériaux. – Leçons orales par Deshautchamps, capitaine d'art., prof.-adjoint. Troisième section : 3 leçons.

Lith. de l'École impériale d'application de l'artillerie et du génie. Mai 1864. 1 cahier in-4.

1475. Recherches sur la plus grande vitesse qu'on peut obtenir par la navigation aérienne, par J. Didion, ancien élève de l'École polytechnique, membre de l'Académie royale de Metz....

Metz, S. Lamort, 1838. (Extrait des mémoires du congrès scientifique de France, 5e session, tenue à Metz en Septembre 1837.) Broch. in-8 de 11 pp.

1476. Expériences sur la résistance que l'air oppose au mouvement des corps plans, concaves et convexes, par Didion.

Paris, Bachelier, 1852. Broch. in-8 de 52 pp. et 1 pl.

1477. Détermination du frottement de la poulie et du treuil par des procédés graphiques, par le général Didion. (Extrait des mémoires de l'Académie impériale de Metz.)

Metz, Blanc, 1866. Broch. in-8 de 24 pp. et 1 pl.

1478. Expression du rapport de la circonférence au diamètre et nouvelle fonction, par le général Didion, correspondant de l'Institut.

Nancy, Réau. (Extrait des mémoires de l'Académie de Metz.) Année 1871—1872. Broch. in-8 de 12 pp.

1479. Expression du rapport de la circonférence au diamètre et nouvelle fonction, par M. le général Didion.

Paris, Gauthier-Villars, 1872. 4 pages in-4. (Extrait des comptes-rendus des séances de l'Académie des sciences, tome LXXIV, séance du 2 janvier 1872.)

1480. Mouvement d'un segment sphérique sur un plan incliné par le général Didion, correspondant de l'Institut. — Extrait des mémoires de l'Acad. de Stanislas, année 1872—1873.

Nancy, Berger-Levrault et Cie, 1873. Broch. in-8 de 36 pp.

1481. Mouvement d'un segment sphérique sur un plan incliné, par M. le général Didion. (Extrait des comptes-rendus des séances de l'Académie des sciences, t. LXXVII, séance du 21 juillet 1873.)

Paris, Gauthier-Villars. Brochure in-4 de 7 pp.

1482. Atlas renfermant les planches d'un traité de l'art de lever les plans, par Dupuy et Tavernier.

Metz, Atlas in-folio oblong lithographié.

1483. Cours de sciences physiques et chimiques appliquées aux arts militaires, par C. J. Emy, capitaine d'artillerie.

Metz, Verronnais, 1848. 1 vol. in-8 avec 13 planches.

1484. Cours de sciences physiques et chimiques appliquées.... par Ch. J. Emy, chef d'escadron d'artillerie.....

Metz, lith. de l'École d'application. 3 cahiers in-4, dont un de planches. 1849, 1852, 1853.

1485. La logistique ou arithmétique françoise, par Monsieur Famuel, Prêtre, cy-devant chanoine de la Cathédralle de Toul....

Metz, F. Bouchard, 1690. In-8, avec figures.

1486. Cours de Géodèsie à l'usage des élèves de l'École royale de l'Artillerie et du Génie, par J. F. Français, professeur.

A Metz, lith. de l'École royale d'Art. et du Génie, 1824.

Suivi de :

1° Précis des leçons du cours de topographie...... par le même.

2° De leçons sur le lever de bâtiment, etc.......

Recueil factice in-folio, accompagné de planches.

1487. Poussée des voûtes. Leçons orales par J. Gardier, capitaine du génie, professeur-adjoint. 3e partie. 2e section. 8 leçons.

Metz, lith. de l'École d'application, 1864. In-4. (Incomplet ; manque le commencement et la fin.)

1488. Constructions hydrauliques. 4e partie. 7 leçons orales par J. Gardier, capitaine du génie, professeur-adjoint.

Metz, lithogr. de l'École d'application. 1865. In-4.

1489. Cours de constructions. 4e partie. Constructions hydrauliques. Planches par J. Gardier, capitaine du génie, professeur-adjoint.

Metz, lith. de l'École d'application, 1865. In-folio.

1490. Cours de Géodèsie de feu M. Français, professé à l'École d'application de l'artillerie et du génie par Théo. Gosselin, capitaine du génie.

Metz, lith. de l'École d'application, 1834, in-folio.

1491. La patte du chien (problème). — Nouvel examen sur la densité moyenne de la terre, par Ch. Gosselin, ancien élève de l'École polytechnique....

Metz, Blanc, 1859. In-8 de 29 pp. (Extrait des mémoires de l'Académie impériale de Metz, année 1858—1859.)

1492. Preuves données à M. Hoëné Wronski, que la loi fondle de la mécanique céleste est identique avec la loi de Newton et que la démonstration a priori de cette loi qu'il a donnée à l'Hôtel-de-ville de Metz..... est fausse *(par C. M. Goulier).*

Metz, Nouvian, 1851. In-8 de 20 pp.

1493. École d'application.... Cours de topographie. — Instruction sur le lever d'itinéraire, par le capitaine du génie Goulier.

Metz, 9 Septembre 1852. Lithogr. de l'École d'application. 4 pages in-4 avec 1 modèle de la carte à l'échelle de 1 : 20000 et du tableau descriptif.

1494. École impériale d'application de l'artillerie et du génie. Programmes du cours de géodèsie et de gnomonique. (Prof. M. Goulier.)

Lithogr. de l'École impériale d'application de l'artillerie et du génie. Sept. 1854. 1 cahier in-4 de 19 pp.

1495. École impériale d'application de l'artillerie et du génie. Programme du cours de topographie. (Prof. M. Goulier.)

Lithog. de l'École impériale d'application de l'artillerie et du génie. Septembre 1854. Cahier in-4 de 31 pp.

1496. Cours de géodésie. Exercices géodésiques. Registre des observations (par M. Goulier).

Lithog. de l'École d'application de l'artillerie et du génie, Novembre 1854. Cahier in-4 de 20 pp.

1497. École impériale d'application...... Cours de géodésie. — Exercices sur l'emploi du sextant. Registre des observations. (Prof. M. Goulier.)

Metz, Novembre 1855. Lith. de l'École d'appl. 2 pp. in 4.

1498. École impériale d'application de l'artillerie et du génie. Cours de topographie. Instruction pratique sur le 2me lever à la boussole : lever au 1 : 2000 avec la boussole nivelante, par le capitaine du génie Goulier, professeur de topographie.

Lithog. de l'École d'appl., Mai 1857. Cahier in-4 de 45 pp.

1499. École impériale d'application de l'artillerie et du génie. Cours de topographie. — Instruction pratique sur le lever de reconnaissance, par le capitaine du génie Goulier, prof. de topographie.

Lith. de l'École impériale d'application. Août 1857. In-4 de 37 pages.

1500. École impériale d'application..... Cours de topographie. 2me partie. Instruction sur l'exercice de construction des levers à la boussole, rédigée par le capitaine du génie Goulier.

Lith. de l'École d'application. Avril 1859. 16 pp. in-4.

1501. École impériale d'application.... Cours de Géodésie. Instruction sur les calculs de lever trigonométrique, par le capitaine du génie Goulier, professeur de géodésie.

Metz, Mai 1859, lith. de l'École d'appl. Cahier in-4 de 8 pp.

1502. École impériale d'application..... Lever à la boussole nivelante. Instruction sur la détermination de la déclinaison de la boussole, par le capitaine du génie, professeur à l'Ecole, Goulier.

Lithogr. de l'École d'appl. Metz, Juillet 1859. 4 pp. in-4.

1503. École impériale d'application..... Cours de topographie. — Instruction pratique sur le lever expédié, par le capitaine du génie Goulier.

Lithogr. de l'École d'appl. Août 1859. In-4 de 33 pp. avec 2 planches et 4 pages de croquis.

1504. École impériale d'application..... Instruction pratique sur le lever de fortification à la planchette, par le capitaine du génie Goulier, professeur de topographie. 2e édition.

Metz, 25 Juin 1861. Lith. de l'École d'application. Cahier in-4 de 64 pp. et 1 pl.

1505. École impériale d'application..... Cours de topographie. — Instruction pratique sur le 1er lever à la boussole, par le chef de bataillon du génie,

Goulier, professeur de topographie. 2e édition.

Metz, Juin 1863. Lithogr. de l'École d'application. Cahier de 38 pp. in-4 avec 1 fragment de minute au 1 : 1000, 1 fragment de croquis au 1 : 500 et 1 fragment du croquis d'un lever de mines.

1506. École impériale d'application..... Cours de topographie. Instruction pratique sur le lever nivelé avec l'éclimètre par le capitaine du génie Goulier, professeur de topographie. 2e édition refondue.

Metz, Juin 1867. Lithogr. de l'École d'application. Cahier de 64 pp. in-4.

1507. École impériale d'application..... Cours de topographie. 2e partie. Instruction sur l'exercice de construction des Levers à la boussole, rédigée par le chef de bataillon du génie Goulier, professeur de topographie. 3e édition.

Metz, Juin 1867. Lithogr. de l'École d'application. Cahier in-4 de 16 pp.

1508. Les Chemins de fer, la vapeur, les sciences, la télégraphie électrique, les hauts-fourneaux, l'école d'application industrielle, etc., par Napoléon Henry, médecin à Arnaville.....

Metz, Brenon, 1851. Broch. in-8 de 71 pp.

1509. Récréations chimiques, ou recueil d'expériences curieuses et instructives, par Ch. Herpin *(de Metz, membre et fondateur de l'Académie de cette ville).*

Paris, Audot, 1824. 2 vol. in-8 avec planches.

1510. Technologie. Fabrication de la poudre, par le capitaine d'artillerie X. Jeandel, professeur.

Metz, lith. de l'École d'application, 1863. In-4.

1511. Six leçons de minéralogie comprenant l'étude des matériaux de constructions, des minerais, des métaux usuels....., par X. Jeandel, capitaine d'artillerie, professeur.

Metz, lithogr. de l'École d'application, 1864. In-4.

1512. Cours de mécanique appliquée aux machines. — Notions générales. — 2 leçons par le capitaine d'artillerie de Lacombe, professeur-adjoint.

Metz, lithogr. de l'École d'application, 1868. In-4.

1513. Cours de mécanique appliquée aux machines. — Roues hydrauliques (8 leçons), par le capitaine d'artillerie de Lacombe, professeur-adjoint.

Metz, lithogr. de l'École d'application, 1868. In-4.

1514. Résistance des matériaux, par le capitaine d'artillerie de Lacombe.

Metz, lithogr. de l'École d'application, 1870. In-4.

1515. Machines motrices. Roues hydrauliques et turbines. Leçons orales par Levassor-Sasseray, capitaine d'artillerie, professeur.

Metz, lithogr. de l'École d'application, 1866. In-4.

1516. Discours touchant le point de veue, par Sébastien Le Clerc.

Paris, Thomas Jolly, 1679. 1 vol. in-12 de 86 pp.

1517. Géométrie (Pratique de la) sur le papier et sur le terrain (par Sébastien Le Clerc, graveur, né à Metz).

Paris, Jombert, 1682. 1 vol. in-12 de 187 pp.

1518. Traité de géométrie, par Séb. Le Clerc.

A Paris, Jean Jombert, MDCXC. 1 vol. in-8 avec planches.

1519. Traité d'architecture avec des remarques et des observations très-utiles..... par Séb. Le Clerc.

Paris, Pierre Giffart, 1714. 1 vol. in-4 de 194 pp., suivi de 181 pl.

1520. Nouveau système du monde conforme à l'écriture sainte, où les phénomènes sont expliqués sans excentrité de mouvement, par Sébastien Le Clerc, Chevalier romain.

Paris, André Cailleau, 1719. 1 vol. in-8 de 200 pp. pl. gr.

1521. Traité de géométrie théorique et pratique à l'usage des artistes, par Sébastien Le Clerc, chev[r] romain, dessinateur et graveur du cabinet du Roi, professeur de géométrie et de perspective dans l'Académie de peinture et de sculpture.

Paris, chez Ant. Jombert, 1744. (Belle reliure en veau d. s. tr., par Simier.) 1 vol. in-8 de 231 pp. et 6 pl.

1522. Neue Abhandlung von der Civilbaukunst..... aus dem Französischen des Herrn Séb. Le Clerc.... 1., 2. Theil — von M. Kraft, prof. Mathes. Tübing.

Nürnberg, in der Christoph Weigel und A. G. Schneiderischen Kunsthandlung, 1781. 1 vol. in-4 et 182 pl.

1523. Premier mémoire sur le mouvement des fluides renfermant quelques expériences, p. M. Lechevalier, lieutenant d'artillerie, (professeur de physique aux Cours industriels de la ville de Metz).

Metz, Thiel, 1828. Broch. in-8 de 31 pp.

1524. Cours de physique et de chimie industrielles, par A. Lechevalier, lieutenant d'artillerie, membre de l'Académie royale de Metz et ancien élève de l'École polytechnique.

Metz, Lamort, 1829. 1 vol. in-8 de 392 pp. (Cet ouvrage ne renferme pas de leçons sur la chimie, bien que son titre semble l'indiquer.)

1525. Essai sur les moulins à soye et description d'un moulin propre à servir seul à l'organsinage et à toutes les opérations du tord de la soye suivi de cinq mémoires relatifs à la soye et à la culture du murier, par M. Le Payen, procureur du Roy au bureau des finances de Metz.

Metz, J. Antoine, 1767. In-4, pl.

Voir aussi sur le même sujet un : Mémoire pour Me Charles Bruno Le Payen.... Appellant d'une sentence rendue à l'Hôtel commun.... le 9 janvier 1770, — un autre Mémoire pour Me Charles Dedon, syndic de l'Hôtel-de-Ville de Metz (contre le précédent), enfin un second Mémoire pour Me C. B. Le Payen contre les Maître-échevin et Conseillers-échevins de l'Hôtel-de-Ville.

1526. Cours de géodésie et de gnomonique professés à l'École d'application...., par Livet, capitaine du génie, professeur de topographie et de géodésie à la dite école.

Metz, lith. de l'École impériale d'application de l'artillerie du génie. Novembre 1842 et Octobre 1845. 1 cahier in-4 avec 5 planches,

1527. Extrait du cours de géodésie professé à l'École d'application....., par Livet, capitaine du génie, professeur de topographie....

Lith. de l'École d'application.... Novembre 1842. 1 cahier in-4 de 128 pp. et 3 planches.

1528. Note sur l'aventurine verte ou aventurine de chrôme, par A. Marcus, chevalier de la Légion d'honneur, membre des Académies de Metz et de Stanislas, ancien élève de l'École polytechnique, ancien administrateur de la Cie des Cristalleries de Saint-Louis.

Metz, Ch. Thomas, 1882. Broch. in-8 de 10 pp. Extr. des Mém. de l'Académie de Metz, année 1880. Tiré à 200 exempl.

1529. Recherches expérimentales sur la dessiccation artificielle des bois, par Ad. Marcus, membre honoraire de l'Académie de Metz, ancien élève de l'École polytechnique, etc.

Metz, Boutillot, 1884. Broch. in-8 de 27 pp.

1530. Thèses présentées à la faculté des sciences de Paris pour obtenir le grade de docteur ès sciences mathématiques, par M. Emile Mathieu *(de Metz)*.

Thèse d'analyse mathématique : Sur le nombre de valeurs que peut acquérir une fonction, quand on y permute ses lettres de toutes les manières possibles.

Thèse d'astronomie : Proposition d'astronomie donnée par la faculté. (Donner l'explication mathématique des principales inégalités des satellites de Jupiter.) Soutenues le 28 Mars 1859 devant la commission d'examen.

Paris, Mallet-Bachelier, 1859. Brochure in-4 de 44 pp. La seconde thèse est seulement indiquée.

1531. Cours de physique mathématique, par M. Emile Mathieu *(de Metz)*, prof. à la faculté des sciences de Besançon.

Paris, Gauthier-Villars, 1873. 1 vol. in-4 de 294 pp.

1532. Instruction sur le projet de route, par le capitaine Meurdra, professeur.

Metz, lith. de l'École d'application, 1863 ; in-4.

1533. Stabilité des constructions. Instruction sur la résistance des matériaux. Tables relatives aux pièces droites et aux fermes de charpente, par le capitaine du génie Michon.

Metz, lith. de l'École d'application, 1848. In-folio.

1534. Stabilité des constructions. Instruction sur la résistance des matériaux. Tables et planches relatives aux pièces droites et aux fermes de charpente par le capitaine du génie Michon (3e partie).

Metz, lith. de l'École d'application, 1848. In-folio.

1535. Instruction sur la stabilité des voûtes et des murs de revêtement, par le câpitaine du génie Michon, professeur du cours de construction.

Metz, lith. de l'École d'application, 1857. In-4.

1536. Matheseos compendiosæ institutiones jussu et auctoritate DD. Montmorency-Laval..... ad usum alumnorum Seminarii academici à S. Anna, congregationis missionis metensis.

Metis, J. B. Collignon, 1782. 1 vol. in-12 et 7 pl.

1537. Nouvelles expériences sur le frottement *faites à Metz* en 1831, par Arthur Morin, capitaine d'artillerie.

Paris, Bachelier, 1832. In-4. Mêmes expériences faites en 1832 et 1833. 3 vol. in-4.

1538. Expériences sur les roues hydrauliques à axe vertical, appelées turbines, par Arthur Morin, capitaine d'artillerie....., membre de l'Académie royale de Metz.

Metz, Mme Thiel, 1838. Broch. in-4 de 52 pp. et 2 pl.

1539. Nouvelles expériences sur l'adhérence des pierres et des briques posées en bain de mortier ou scellées en plâtre..... *faites à Metz* en 1834, par Arthur Morin, capitaine d'artillerie.... membre de l'Académie royale de Metz.

Paris, Carillan-Gœury, 1838. Broch. in-4 de 100 pp. et 2 pl.

1540. Expériences sur le tirage des voitures faites en 1837 et 1838 par Arthur Morin.

Metz, Mme Thiel, 1839. In-4. Autre édition (de 1842), publiée à Paris, à la libraire scientifique industrielle de L. Mathias (Augustin). 1 vol. in-4, plus fort que le précédent.

1541. Dissertation sur le nombre septenaire, par M. F. Munier, membre honoraire de l'Académie impériale de Metz.

Metz, F. Blanc, 1854. In-8 de 27 pp.

1542. Mélanges de mathématiques ou application de l'algèbre à la géométrie élémentaire, par J. N. Noël, professeur..... à l'Athénée de Luxembourg, correspondant de la Société des lettres, sciences et arts de Metz.

Metz, Lamort, 1822. 1 vol. in-8 avec 5 pl.

1543. Notions élémentaires d'arithmétique ancienne et moderne ou Aide-mémoire des commençans.

A Metz, de l'imprimerie de Verronnais, 1809. In-8 de 31 pp.

1544. Cours sur la stabilité des constructions à l'usage des élèves de l'École royale de l'artillerie et du génie, par N. Persy, professeur.

A Metz, lithogr. de l'École . . . . . 1825. Edition de 1827. — Autre édition, de Septembre 1831, — suivie de 7 leçons sur la stabilité des voûtes, — et d'une instruction sur les paratonnerres (cette dernière imprimée); — le tout relié en 1 vol. in-folio.

1545. Géométrie descriptive à l'usage des ouvriers des villes et des campagnes, par Pioche, architecte à Metz, ancien élève de l'École des beaux-arts, pour faire suite au dessin linéaire par Dembour.

Metz, typ. de Dembour et Gangel, éditeurs. 1 cahier in-f° de 7 pages de texte et de 5 planches.

1546. Traité des propriétés projectives des figures; ouvrage utile à ceux qui s'occupent des applications de la géométrie descriptive et d'opérations géométriques sur le terrain; par J. V. Poncelet, ancien élève de l'École polytechnique, capitaine au corps royal du génie, membre de la Société des sciences, lettres et arts de Metz.

Paris, Bachelier, libraire, 1822. — Metz, C. Lamort, imprimeur de la Société des sciences, lettres et arts de Metz. 1 vol. in-4, accompagné de 12 planches.

1547. Mémoire sur les roues hydrauliques verticales à aubes courbes, mues par dessous, suivi d'expériences sur les effets mécaniques de ces roues, par M. Poncelet, capit. au corps royal du génie.

A Paris, chez Mme Huzard et chez Bachelier, 1825, 1 vol. in-4 avec 1 planche. (Extrait du bulletin de la Société d'encouragement, N^os^ CCLVII et CCLVIII, 24e année. Cahiers de Novembre et Décembre 1825.)

Voir les N°s 862 et 863 du présent catalogue.

1548. Cours de mécanique appliquée aux machines, professé en 1825 et 1826 à l'École royale de l'artillerie et du génie par M. Poncelet, capitaine du génie. 2e édition.

A Metz, lith. de l'École royale de l'artillerie et du génie, 1828, — suivi d'un Mémoire sur les ponts-levis. 1 fort volume in-folio.

1549. Résumé des leçons du cours de mécanique industrielle, professé par M. Poncelet, rédigé par M. le capitaine du génie Gosselin, 1827—1828. Titre de départ : Cours de mécanique industrielle professé par M. Poncelet.

S. l. n. d. 1 cah. in folio, lithographié, de 120 pp.

1550. Mémoire sur les roues hydrauliques à aubes courbes... etc..... par M. Poncelet..... Nouvelle édition, revue, corrigée et augmentée d'un second mémoire sur des expériences en grand relatives à la nouvelle roue, contenant une instruction pratique sur la manière de procéder à son établissement.

A Metz, librairie de Mme Ve Thiel, 1827. Imprimerie de C. Lamort. 1 vol. in-4 avec 2 planches.

1551. Expériences hydrauliques sur les lois de l'écoulement de l'eau à travers les orifices rectangulaires verticaux à grandes dimensions entreprises à Metz, par MM. Poncelet et Lesbros, capitaines du génie, d'après les ordres du ministre de la guerre, sur la proposition de M. le général Sabatier, inspecteur du génie, commandant de l'École d'application de l'artillerie et du génie. — Mémoire lu à l'Académie des sciences, le lundi, 16 nov. 1829.

Paris, de l'imprimerie royale, MDCCCXXXII. — (Extrait des Mémoires de l'Acad. roy. des sciences, — savants étrangers.) 1 vol. in-4 avec 7 planches.

1552. Introduction à la mécanique industrielle, physique ou expérimentale, par J. V. Poncelet, chef de bataillon du génie, membre de l'Institut de France, etc.... Deuxième édition.

Metz, Mme Thiel, éditeur; S. Lamort, imprimeur, 1839. 1 fort vol. in-8, avec 3 planches.

1553. Mécanique industrielle exposant les différentes méthodes pour déterminer et mesurer les forces motrices, ainsi que le travail mécanique des forces; par J. V. Poncelet, capitaine du génie, membre de l'Institut.....

Liège, H. Leroux et Comp., 1839. 1 vol. in-8 avec 2 pl.

1554. Rapport et mémoire sur la construction et le prix des couvertures en zinc, par M. Poncelet, chef de bataillon du génie, membre de l'Institut. (Extrait du Mémorial de l'officier du génie.)

Paris, Bachelier, 1840. Brochure in-8 de 66 pp. et 2 pl., à laquelle est réuni un mémoire sur les couvertures des casernes et édifices, par M. Belmas. — Paris, Fain, 1832.

1555. Mémoire sur la stabilité des revêtements et de leurs fondations, par M. Poncelet, chef de bataillon du génie, membre de l'Institut.

(Extrait du Mémorial de l'officier du génie.)

Paris, Bachelier, 1840. 1 vol. in-8 avec 5 planches.

1556. Leçons préparatoires au lever d'usines formant les 6e et 7e sections du cours de mécanique appliquée aux machines, de M. le lieutenant-colonel du génie Poncelet, avec des additions contenant les matières introduites dans l'enseignement depuis la dernière édition de ces leçons.

Metz, lith. de l'École d'application, 1844. In-4.

1557. Applications d'analyse et de géométrie qui ont servi, en 1822, de principal fondement au traité des propriétés projectives des figures par J. V. Poncelet ; contenant la matière de sept cahiers manuscrits, rédigés à Saratoff dans les prisons de Russie (1813 à 1814), et accompagnés de divers autres écrits, anciens ou nouveaux, annotés par l'auteur et suivis d'additions par MM. Mannheim et Moutard, anciens élèves de l'École polytechnique.

Paris, Mallet-Bachelier, 1862. 2 vol. in-8.

1558. Cours de mécanique appliquée aux machines (par Poncelet ?). Première section : Considérations générales sur les machines en mouvement. — Section III : Calcul des résistances passives.... — Section VI : Du mouvement des fluides. — Section VII : Des principaux moteurs et récepteurs. — Section VIII : Des ponts-levis. — Des engrenages.

Metz, lithogr. de l'École d'application, s. l. n. d. 4 cahiers lithogr. in-f°.

1559. Précis analytique d'un nouveau système de l'univers..... dédié à MM. les membres du congrès scientifique séant à Metz, en Septembre 1837..... par Renault-Bécourt, ex-officier-comptable.....

Metz, Verronnais, 1837. In-8 de 48 pp.

1560. Dictionnaire d'architecture civile, militaire et navale, antique, ancienne et moderne.... par M. C. F. Roland Le Virloys, ci-devant architecte du roi de Prusse.... *(l'un des architectes du théâtre de Metz).*

Paris, chez les libraires associés, 1770-1771. 3 vol. in-4.

Nous mentionnons ici cet ouvrage, parce qu'il présente de l'intérêt au point de vue messin. Le tome troisième renferme, en effet, neuf planches qui sont des plans, coupes et élévations du théâtre de Metz.

1561. Concordance de la chronologie monumentale égyptienne avec les dates calculées astronomiquement, par E. de Saulcy, ancien élève de l'École polytechnique....

Paris, imprim. de W. Remquet et Cie. (Extrait du No de Janvier 1856 des Annales de philosophie chrétienne.) Broch. in-8 de 15 pp. intercalée dans un Recueil factice des œuvres du même auteur.

1562. Résumé d'une conférence sur l'occlusion et la dialyse des gaz, par Aimé Schuster.

Metz, Blanc, 1869. 4 pp. in-8.

1563. Recherche des conditions d'éclat des flammes, par A. Schuster, professeur à l'École industrielle de Metz, ancien élève de l'École des mines de Paris.....

Metz, Verronnais, 1872. Broch. in 8 de 15 pp.

1564. Quelques conséquences des hypothèses de Bernoulli et d'Ampère sur la constitution des gaz, par Aimé Schuster, ex-professeur de physique de l'Université, bibliothécaire de la ville de Metz.

Nancy, impr. Réau, 1875. Broch. in-8 de 19 pp.

1565. Considérations relatives à l'influence du temps sur l'action des forces, par Aimé Schuster, prof. à l'École industrielle de Metz, ex-professeur de physique de l'Université.

Nancy, impr. E. Réau, 1875. Broch. in-8 de 12 pp. et 1 pl.

1566. Note sur une expression approchée du contour elliptique, par A.-A. S.

Nancy, Réau, 1877. 3 pp. in-8.

1567. Formation et marche des orages. — Discussion par le professeur Scoutetten, Dr en médecine, officier de la légion d'honneur, etc. (Association scientifique de France, — séance du 11 Mai 1869, à Metz, — présidence de M. Le Verrier.)

Metz, F. Blanc, 1869. Brochure in-8 de 16 pages.

1568. Second mémoire sur les alliages du potassium et sur l'existence de l'arsenic dans les préparations antimoniales usitées en médecine, par G. S. Serullas.... premier professeur de l'Hôpital royal militaire d'instruction de Metz.

A Metz, chez Antoine, Mai 1821. Br. in-8 de 44 pp.

1569. Traité d'éclairage par le gaz, par N. H. Schilling, docteur en philosophie..... traduit de l'allemand, par Ed. Servier, ingénieur des arts et manufactures *(ancien directeur de la Comp. du gaz à Metz).*

Paris, E. Lacroix, 1868. 1 vol. in-4 accompagné de 70 pl. et de 310 figures dans le texte.

1570. Solutions peu connues de différens problèmes de géométrie pratique.... par F.-J. Servois, professeur de mathématiques aux Écoles d'artillerie.

Metz, Devilly.... An XII. Broch. in-8 de 28 pp. et 1 pl.

1571. Recueil d'expériences sur les mortiers de construction suivi d'observations sur la manière d'opérer dans les recherches de ce genre, par Henri Augustin Soleirol, capitaine du génie.

Paris, Anselin, 1835. Cahier in-4 acc. de 4 pl.

1572. Cours de cònstruction. Extrait des leçons de M. le chef de bataillon du génie Soleirol. Indication et fabrication des mortiers. (Titre de départ.)

Metz, lith. de l'École d'application, s. d. In-folio de 24 pp.

1573. Cahier classique sur le cours de construction à l'usage des élèves de l'École royale de l'artillerie et du génie, par Jos.-François Soleirol, capitaine au corps royal du génie. Seconde édition.

Metz, chez Antoine, 1820. 1 vol. in-8, 7 pl.

1574. Recherches sur la stabilité des batardeaux en maçonnerie, par J.-F. Soleirol, chef de bataillon du génie en retraite.

Metz, S. Lamort, 1841. Broch. in-8 de 52 pp. 1 pl. 9 tabl.

1575. Notices sur les chiffres romains, par Soleirol,

officier de la légion d'honneur, chef de bataillon du génie....

Metz, Blanc, 1855. Broch. in-8 de 12 pp. (Extr. des Mém. de l'Académie de Metz, année 1854-1855.)

1576. Notice et rapport sur la galvanisation du fer, — procédé Sorel.... Cuny frères, concessionnaires de la Société H[or] Ledru et Compagnie, brev. de Paris. (Titre de départ.)

Metz, Impr. de S. Lamort, s. d. Broch. in-8 de 32 pp.

1577. Mémoire sur la capillarité, par Simon *(de Metz)*, inséré dans le tome 21 des „*Annales de physique et de chimie par une Société de savants*".

Paris, Masson, 1851. Tomes 21 et 22, réunis en un volume in-8.

1578. Recueil contenant : 1° Note sur le pyroxyle ou coton-poudre par Susane, membre de l'Académie impériale de Metz.

Metz, F. Blanc, 1855. 36 pp. in-8.

2° Encore un mot sur la gélatine (extrait des mémoires de l'Académie de Metz, année 1855-1856), par Susane.

19 pp. in-8.

3° L'invention de la poudre, par M. Susane.

Metz, F. Blanc, 1860. 38 pp. in-8.

1579. Elémens de chymie *(sic)* rédigés d'après les découvertes modernes ou précis des leçons publiques de la Société royale de Metz, par Michel du Tennetar, conseiller et médecin ordinaire du roi.... de la Société des sciences et arts de Metz.

Metz, Gerlache, 1779. 1 vol. in-12.

Suivi de :

Mémoire sur l'état de l'atmosphère à Metz et ses effets sur les habitans de cette ville ou réflexions sur les dangers d'une atmosphère habituellement froide et humide, et les moyens de les prévenir, par le même.

1580. Essai sur les moyens d'améliorer les études actuelles des colléges, par Michel du Tennetar.

Nancy, C. S. Lamort, 1769. In-12 de 128 pp.

1581. Discours prononcé, par M. Terquem, profess. de mathématiques transcendantes, sur l'utilité des sciences mathématiques. (Titre de départ.)

S. l. n. d. Brochure in-8 de 23 pp.

1582. Nouvelles annales de mathématiques.... par MM. Terquem *(de Metz)*... Gerono... et Prouhet...

Paris, Mallet-Bachelier, 1862-1866. 5 tomes in-8 en 60 fascic.

1583. La science romaine à l'époque d'Auguste. Etude historique d'après Vitruve, par A. Terquem, professeur à la faculté des sciences de Lille. — (Extrait des Mémoires de la Société des sciences, de l'agriculture et des arts de Lille.)

Paris, Félix Alcan, éditeur, 1885. 1 vol. in-8 de 174 pp.

1584. Lettre de Monsieur***, avocat au parlement de Metz, à Monsieur***, avocat au même parlement, au sujet du précis du discours sur l'utilité de l'étude des mathématiques....

A Metz, chez Jean Antoine. 1743. 1 plaquette in-12 de 31 pages.

1585. Cadran à la portée de tout le monde, ou moyen de connaître l'heure à l'ombre d'un bâton, par M. Vautrin, censeur du Lycée imp[al] de Metz.

A Metz, chez Collignon. Petit in-8 de 8 ff.

1586. Nouveau système de foyer à combustion sans fumée de M. Duméry, ingénieur civil. — Communication à l'Académie impériale de Metz, faite dans la séance du 20 Mai 1858, par A. Vignotti, capitaine-commandant d'artillerie.

Paris, Mallet-Bachelier, 1858. Brochure in-4 de 15 pp.

1587. De la construction des toits en argile dits à la Dorn et de leur charpente avec le devis des frais d'après des expériences personnelles, par Gustave Lenke.... traduit de l'allemand par C. V.

Metz, Imprimerie de Ch. Dosquet, 1838. Broch. in-8 de 64 pages, pl. gr.

1588. Statistique universelle ou système métrique décimal pour l'uniformité des poids, mesures et monnaies applicables à toutes les nations du monde, par F. Wargnier.

Metz, Blanc, 1867. In-8 de 30 pp.

1589. Traité d'arithmétique par demandes et réponses, par François Woirhaye, instituteur primaire à Metz.

Metz, chez l'auteur (Imprim. d'Hadamard), 1828. In-12.

1590. Arithmétique appliquée aux spéculations commerciales et industrielles, par Mr J. L. Woizard, membre de l'Académie royale de Metz et ancien élève de l'École polytechnique. — Terminée et publiée par D. M. Woizard jeune, négociant et membre de la même académie.

Metz, Lamort, 1829. In-8.

1591. Recherches sur la détermination des fonctions de deux variables, dont les coefficients différentiels de premier ordre sont donnés implicitement, par M. J. L. Woizard, répétiteur à l'École royale d'artillerie de Metz. — Titre de départ.

Imprimerie royale, Juin 1831. 22 pp. in-4.

NOTE. — M. J. L. Woizard a aussi publié dans les Mémoires de l'Académie de Metz, année 1828-1829, une étude intitulée : „Considérations sur les solutions particulières des équations différentielles du premier ordre" — et dans ceux de l'année 1826-1827 un „Rapport sur la scierie de M. de Nicéville".

1592. Arithmétique appliquée aux spéculations commerciales et industrielles, par J. L. Woizard *(de Metz)*. Seconde édition, augmentée par L. Bergery.

Metz, Thiel, 1830. 1 vol. in-8.

1593. Arithmétique appliquée.... par J. L. Woizard... suivie des proportions, des progressions, de l'extraction des racines et de notions élémentaires d'algèbre, par C. L. Bergery. Troisième édition.

Metz, Mme Thiel, 1836. 1 vol. in-8 et 1 pl.

www.ingramcontent.com/pod-product-compliance
Lightning Source LLC
LaVergne TN
LVHW020246230826
846091LV00006B/2274
* 9 7 8 2 0 1 3 4 0 5 9 4 2 *